U0095196

李复祯心意六合拳系列丛书

心意十八肘解密

权　成　权冠华　著

山西出版传媒集团

山西人民出版社

图书在版编目（CIP）数据

心意十八肘解密 / 权成，权冠华著. — 太原：山
西人民出版社，2023.7
ISBN 978-7-203-12951-6

Ⅰ.①心… Ⅱ.①权… ②权…Ⅲ.①心意拳—研究
Ⅳ.①G852.14

中国国家版本馆CIP数据核字（2023）第122192号

心意十八肘解密

著　　者：权　成　权冠华
责任编辑：樊　中
复　　审：李　鑫
终　　审：贺　权
装帧设计：谢　成

出　版　者：山西出版传媒集团·山西人民出版社
地　　址：太原市建设南路21号
邮　　编：030012
发行营销：0351-4922220　4955996　4956039　4922127（传真）
天猫官网：https://sxrmcbs.tmall.com　电话：0351-4922159
E-mail　：sxskcb@163.com　发行部
　　　　　sxskcb@126.com　总编室
网　　址：www.sxskcb.com

经　销　者：山西出版传媒集团·山西人民出版社
承　印　厂：山西出版传媒集团·山西人民印刷有限责任公司

开　　本：889mm×1194mm　1/32
印　　张：5.625
字　　数：89千字
版　　次：2023年7月　第1版
印　　次：2023年7月　第1次印刷
书　　号：ISBN 978-7-203-12951-6
定　　价：69.00元

如有印装质量问题请与本社联系调换

李复祯心意六合拳系列丛书
编委会名单

序一

刘定一

余与本书作者权成先生并无交际，了解甚少，近日忽接其电话，嘱余为其即将付梓之《心意十八肘解密》一书作序。通过网搜方知权成先生著述颇丰，字里行间，窥见其笔耕之勤奋、之艰辛。余将全书稿恭读一遍，获益良多。文稿多用口语撰写，通俗易懂，更方便推广普及。就形意拳师承而言，余师从恩师陈盛甫、张书田、张希贵等名师。从这里讲，余与权成先生均师出于李复祯一门，并属同辈；虽学识浅薄，也只好勉为其难，实是汗颜。

形意拳源自明末清初山西永济尊村姬际可（字龙峰）于清初所创之心意六合拳，经曹继武、戴隆邦、戴文雄、李老能、车毅斋、李复祯（常有、长友）等历代形意先贤大师们创造性的发展，尤其是以李老能及其弟子改"心"为"形"为标志，将形意拳理论与技术做了具有历史意义的弘扬光大。完善了"五行学说"对形意拳技术的理论指导；促进了形意拳形神相随的特征，赋予形意拳追求实质、悟练结合的认知特征。促使形意拳在清朝后期开始得到快速发展，而逐渐广泛流传于全国各地，成为著名的武术拳种。特别是山西太谷成为形意拳大师名流荟萃的中心。李老能及其传人对形意拳的创新和发展作出了极大贡献。

形意拳作为一项内外兼修、强身健体，招势严谨朴实、拳法灵活多变、技击性强、特色鲜明的武术拳种，被誉为"战斗拳""养生拳""长寿拳"。尤其在当下，形意拳作为优秀传统文化的组成部分，所产生的文化整合力，文化自信心，增强了中国人的骨气和底气。中华优秀传统文化所蕴含的"和为贵""己所不欲，勿施于人""自强不息，厚德载物"等思想，是一个国家、一个民族传承和发展的根本，是塑造公民现代人格的精神源泉。

李复祯作为车毅斋开门弟子，长于技击，被誉为"技击泰斗"。总结、再现李复祯大师的技法特点，公诸于世，对继承先贤、启迪后人，具有重要的意义。权成先生即将推出的《心意十八肘解密》，无疑在此方面做了一项开创性的工作。

　　　　刘定一：山西省武术协会副主席

　　　　　　　　山西省形意拳专家委员会主任

序二

范国昌

权成先生的李复祯心意六合拳系列丛书之《心意十八肘解密》即将付梓，嘱我写序。说实话，心甚惶惑。论文我只是小学水平，论武终未能求得个中三味。倒是与先生相交多年，情感甚笃，且先生谦恭好学，故难辞其请，吐纳与权成老弟交往之缘源和感慨。

我从书的字里行间看到艰辛、汗水和经久的坚持，一股韧劲，一个信念，成就了别人眼中的辉煌，老弟师出名门，习练多年，从晨昏修炼中体悟颇深，随感记录的自身觉悟，写出来与同道友人交流，付抛砖之力。

权成老弟习练中，重五行生克之变化，练四梢伸缩之灵动，三节贯通，动静效法，悟阴阳六合之互补，享畅怀顺意之舒达；行动中有起伏缓急之妙，静桩中无杂念世俗之乱；佳境里觉自然之博大，禅定时悟五蕴之空灵；不争一时之意气，恒念四时之生发，借自然之厚重，养自身之积淀，求真阳之气循回体内，练四肢灵动本能之收发，享受个中只能意会不好言传之妙境；修疏导吐纳之法，感物理奇巧之变化，阴阳互补，品脉理沉浮之玄机，个中奇巧真有岐黄难通之妙，这种享受乃神也，仙也。

权成老弟的武学思想，从迷茫到成熟，即印证了一条路的风雨艰辛，悲喜哀乐，不离不弃地坚持着，享受着这个美好的过程，升华着自己，感动着自己，在无欲无求的状态中完善着自己。

权成老弟喜读善思，富藏书。一支笔、一张纸，写情、思悟，在字里行间，修梅之傲骨，竹之圆通，菊之淡雅，兰之清幽，享受着宁静，远离世俗之喧嚣，练的是功夫，修的是人品。

弹指间，权成老弟已过天命之年，额头的刻痕，积淀了岁月之沧桑，却多了些许宽厚如善水的绕指柔肠，在自己的文天武地里感悟佛的和，道的清，儒的正，不为权贵驱使，只为中国优秀传统文化而呐喊。

权成老弟的这些字里行间，传递的是健康感悟，输送的是阳光理念，释然的是半生艰辛，安慰的是自己的心。如果这些文字图片能对大家有所提示，老弟也就心满意足了，因为营造了一个积极的人生理念，愿和大家共享这个过程。

正如先贤所说："人生最美妙的东西竟是内心的淡定和从容，我们如此期盼外界的认可，可到头来才知道世界是自己的，与他人毫无关系。"

勉为序，羞为叙。

范国昌：山西省形意拳协会原副主席

导　读

少揽杂事心田静

多读拳谱德艺高

《心意十八肘解密》终于完成了，有师辈、武友们的鼓励，有弟子、亲朋好友的激励；回想30多年前，回族杨师傅练心意十八肘的精彩画面历历在目，好似昨天一样；中华武术就是这样传承的，玉汝于成，历久弥新，具有极强的生命力，我辈在这么好的新时代，更应踔力奋发，把优秀的武文化，传承发展，发扬光大！认真讲好中国武文化故事。

12式软功，极其珍贵，不可走过场；无极势，能返先天，见本来面目，不可轻视；揉腰，揉胯，细心品，慢慢练，借大地之力，揉通身体经络；"摇膀子，不拿药罐子"，肩胛骨，活如扇子开合自如；摇辘辘，是从劳动人民的生活中来，练的是身体主干，两脚如粘地。不论搞何种运动，先要揉揉膝，甩甩膀，会让你受益终生；伸臂蹲腿，能润肺养肺，还是格斗的基本功；肋如鱼的两腮，是进气的通道，肋弓不开，没动力，练好两肋筋棱突现，好似肋插两杆枪，力道遒劲；蹬腿，拉腿后面懒筋，但要有根，身体不可前栽！如古树盘根般稳固才好；耗膀子非常重要，耗空了，感觉像胳膊没了，肩练没了，就入门了；甩膀子，上贴耳下擦胯，身体要正，练剪切劲，不可胡乱抡，无意练了三体势桩功；虎伸懒腰，先耗，对抻拔拉，再荡起来，肘如磨地；最后劈叉，脊柱中正，两胯倒着叉，胯要平、要正，耻骨开了，才是胯真正开了；收功要细细品，坚持不懈。

五虎霸道内功，练成如金钟罩、铁布衫，是脚底催动，通过锁胯拧腰，劲从手出，通天彻地。全身各处开弓法，照示范修炼，会明白啥叫"蓄劲如开弓"。阴阳鱼缠丝劲图，好东西，细品。定式舔肘掌，泄千古不传之秘，要珍惜！是历代先辈不传之秘，是格斗取胜之法宝，是无为无不为，无意是真艺，是明心见性的妙艺。

心意十八肘，艺中之精品，今奉献出来，与武友们共享。介绍了三种练功场景：地面上练，轮胎上练，木桩上练，难度越来越大，功夫节节高升。练肘前要耗膀子，甩膀子，做基本功；先拗式练，体会锁胯拧扎腰脊，脚底踩扎碾拧劲上翻通过腰过背从肘底出，这个劲要直穿透靶心，身体时刻要有根（刹车）；肘法的运用，在声东击西，指南打北，乱而取之，"功不在肘"，胜利是目的。轮胎上练肘，好处多多，也容易办到。木桩上练肘，有条件，一定要这样练，事半功倍，桩上一年功，效果大于地上练功数年，上了桩就明白了。

习练传统武术，要循序渐进，不可急于求成；不仅要有正确的方法，还要下功夫、坚持不懈、持之以恒。

目　录

第一章　软功 12 式

软功12式是李复祯心意六合拳之基础功法，练好能强身健体，增强身体柔韧性，还能健美身材，减肥变瘦。

无极势：两脚跟成90°并脚站立，身体放松，无思无虑，空空静静。图1-1。

图1-1

通气势：通气势非常重要，让身体进入到有序状态，进入练功状态。如电器之开关，不接通电源，再好的电器也没用。碾拧步成马步站立，松开腰脊，左胯下扎，双臂缓慢抬起，好似有气吸起来的，抬至与肩平，是膀根催动、脚底催动的；呼气时，头顶（脚底劲翻上），胯坐，重心移至右胯并下扎，气沉到脚底板。吸气要吸满，呼气要呼尽，轻松如仙鹤飞舞。练至脚底板发热、发烫为好。图1-2至图1-5。

图1-2

图 1-3

图 1-4

图 1-5

1. 并步揉腰

接上式，碾拧步，两脚踝并紧，两膝并紧，顶头悬（脚底板翻上从头出），眼看前方，松开腰脊、胯，裆十字撑圆，意注尾骨松坠，松膀坠肘，两手背身后，两肘扎地，脊柱向前转圈，成反弓，转大、转圆，正转36圈，反转36圈，脚如吸盘吸地，勿挪动，转到脚底发热、发烫为好。图1-6、图1-7。

图 1-6

图 1-7

2. 开步揉胯

接上式，胯催动，两脚底板碾拧地，与肩同宽，肩井穴与脚底涌泉穴对齐，脊柱下扎拧，松开腰脊，逆时针转 36 圈，顺时针转 36 圈，向前转得大些，成反弓；再脊柱下扎如轴，松两胯横向转 ∞ 字型，正转 9 圈，反转 9 圈；再前后转 ∞ 字型各 9 圈，关公捋须，收式。图 1-8 至图 1-11。

图 1-8

图 1-9

图 1-10

图 1-11

3. 摇膀子转∞字型

接上式，并步或开步与肩宽，屈肘与肩平，拳心向下，顶头悬，松开腰脊，眼看前方，卷舌舔上牙根，意注尾骨松坠，脊柱下扎，两膀转∞字型，顺、逆各转36下，松膀、松胯，不可拿劲，要慢、要柔。拉拧后背之筋，背后两琵琶骨（膏肓穴）动

图 1-12

为好。养成动肘的习惯，肘当拳用。图 1-12 至图 1-18。

图 1-13

图 1-14

图 1-15

图 1-16

图 1-17

图 1-18

4. 摇辘轳式

图 1-19

接上式，胯催动，两脚底板碾拧地，成右三体势步，两肘在胸前如摇辘轳状，是身子摇，顺时针向前摇9下，再向后逆时针摇辘轳状摇转9下，是身体摇动，两脚如吸盘吸地，不可移动。松开腰脊，意注尾骨松坠，虎掀胯变成左三体势，左式同右式。图 1-19 至图 1-27。

图 1-20

图 1-21

图 1-22

图 1-23

图 1-24

图 1-25

图 1-26

图 1-27

5. 揉膝

接上式，胯催动两脚底板碾拧地，成并步，两掌根推挤膝外侧，两掌指按膝头，身体成反弓，耗一会儿；再身体下蹲催两膝顺时针转9下，逆时针转9下，意想胯部；再两膝内转9下，再外后转9下，两脚不可移动，轻松愉快，柔柔地练；膝为中节，是下盘门户，也是进攻的利器，揉膝也是养护膝关节的好方法，膝如镰刀，勿轻视！图1–28至1–33。

图 1–28

图 1–29

图 1-30

图 1-31

图 1-32

图 1-33

6. 伸臂蹲腿

接上式，两臂向前伸展，脊柱下扎，蹲下站起，起时要挺胯，脚不可动，可脚前掌、脚后跟倒劲，保持身体垂直中正劲，勿前倾，练好能尾骨触地如猴子蹲。要慢，练熟后可配合呼吸，能养肺，是技击发劲的基础功。先辈传言：此式能练出身外之力。图 1–34、图 1–35。

图 1–34

图 1–35

7. 开肋式

接上式，胯催动，两脚底板碾拧地，开步与肩宽，叉手翻掌伸展膀根，锁左胯，身体向左后侧扭，耗一会，再向前下整体探，两脚不动，探3次，两交叉之手心、手背翻转3次，左掌抱脚跟，右掌抱脚踝，两肘回搂，头贴住小腿下，松左胯根，扎右胯根，感觉右肋拉展，意注左掌心，耗60下，再恢复到原状，挺胯，劲扎脚前掌。同理，做右式开左肋，耗60下。做背后七颠消火气，收式。

要保持身体时刻有根。可单练，每次十几分钟，一年后，两肋隆起肌腱棱，所谓"肋生两杆枪"，肋如鱼的两腮，肋弓能开，力大无穷。图1-36至图1-39。

图 1-36

图 1-37

图 1-38

图 1-39

8. 蛤蟆叉式

接上式，松胯根，身子整体向前下方远处探，翻下巴如触地，耗6下；再两手抓两脚后跟，身子向回收，头钻入裆后，屁眼朝天，耗6下；再翻下巴，下巴触地耗6下；起身挺胯，劲扎脚前掌；做背后七颠消火气，收式。要保持身体有根，如古树盘根。图1-40。

图1-40

9. 蹬腿

接上式，左立腿胯下扎，如古树盘根（前后左右上下推拉不动），伸展右腿，右脚跟着地（要有痕印），脚尖回钩，松右胯，两掌揉按右膝，摸捋腿后筋3次，松开腰脊，两肘贴肋，两掌护胸，再身体向远前下扑，意注后胯后拉，起身挺胯，做9次；两手抱脚跟、脚掌，肘拉回，右膝关节成倒弯子（反弓状），下巴放脚掌上抱住耗60下，意注尾骨松坠，整体起身还原，挺胯，劲扎脚前掌。同理，再做左式，做背后七颠消火气，收式。图1-41至图1-48。

图 1-41

图 1-42

图 1-43　　　　　　　　　图 1-44

图 1-45　　　　　　　　　图 1-46

图 1-47　　　　　　　　　图 1-48

10. 耗膀子后再甩膀子

耗膀子：接上式，两臂左右伸展，与肩平，两手掌根立起，两掌根对拉互抻，如开弓，耗 60 下，是脚底催动翻上的劲；两肘对拉互抻，如开弓，耗 60 下。同理，两肩对拉互抻，耗 60 下；两后

图 1-49

背琵琶骨对拉互抻 60 下；右掌根与左脚踝对拉互抻，耗 60 下；左掌根与右脚踝对拉互抻，耗 60 下；大椎与尾骨上下对抻，耗 60 下；身体主干保持中正，轻松愉快，气定神闲地耍练。图 1-49 至图 1-51。

图 1-50

图 1-51

图 1-52

甩膀子：接上式，碾拧步成左三体势步站立，后膝坠扎地，离地一拳头，脚跟不可离地，后胯垂直下扎地，后腿能灵活起动为好；身法中正，左脚在前，则左手掌护心，左肘下垂，肱二头肌贴肋，不可有缝隙。顶头悬，两眼平视前方，耳听身后，提会阴，卷舌舔上牙根，右膀根上贴耳下擦胯，向前，向上，向后画圈，甩膀如车轮状，左肘始终扣扎坠，不可抬，如千斤坠，切记！如自由落体，如开天辟地（意），不可拿劲，气向下沉，心态平和，根节催动，目视前方，由前向后甩12下，由后再向前甩12下，稳住心神，不紧不慢。胯催两脚碾地转身，成右三体势步站立，变右掌护心，右肘垂扎坠，甩左膀子，同上。再碾脚转身变左脚在前，身体中正，腰脊下扎，双膀根催动，向上直插，向相反方向甩，臂不可弯，膀根催伸直。心平气和，脚底不动如粘地，前后各转12下，左右带肘，风摆柳（脚不动,左转9圈,右转9圈）。关公捋须,敲3下丹田,收式。
时刻保持找中正劲。

要点:脚底板满脚掌吸地,身体不动,意注肘坠扎,
要上贴耳下擦胯,是立圆,无意练了三体势、千斤坠肘功。
膀子松活,练时感到像没了肩才对。胳膊如吊重锤之线,
两手如重锤,中线松扎尾巴骨。图1-52至图1-82。

图 1-53

图 1-54

图 1-55

图 1-56

图 1-57

图 1-58

图 1-59

图 1-60

图 1-61

图 1-62

图 1-63

图 1-64

图 1-65

图 1-66

图 1-67

图 1-68

图 1-69

图 1-70

图 1-71

图 1-72

图 1-73

图 1-74

图 1-75

图 1-76

图 1-77

图 1-78

图 1-79

图 1-80

图 1-81

图 1-82

11. 虎伸懒腰

接上式，两手放胸前，两脚趾松撑抓地，松腰脊，松后翻胯根，下抛物线向前远方扑，两肘如磨地，荡起来，翻下巴（头颈反弓），两膝倒弯子，成反弓状，松开腰脊塌下抛物线状，意注尾骨松坠，做 9 次。收式。图 1-83。

图 1-83

12. 劈叉

全身放松，跌竖叉，两胯抻展，前小腿肚着地，后腿胫骨面着地，松开腰脊，身子向前向后折（要慢、柔，勿快猛），两胯要平、要正，耗20下；再拧旋胯耗另一侧，耗20下，做9组，慢慢来，不可急躁，否则，"伤筋动骨一百天"。图1–84、图1–85。

图 1–84

图 1–85

收功

双掌指敲 3 下丹田，将炼得真气存于丹田，图 1-86；搓两手掌发热发烫，是脚底催动，骨骼格格响，图 1-87、图 1-88；从头顶向后梳头 9 次，图 1-89；双空心拳轻敲打

图 1-86

图 1-87

图 1-88

图 1-89

头部，太阳穴，图1-90、图1-91；双手搓捏耳朵，长期坚
持能健康长寿，图1-92；两大指棱搓眉处攒竹穴，图1-93；

图1-90　　　　　　　　　　图1-91

图1-92　　　　　　　　　　图1-93

手掌搓大椎穴，图 1-94；搓颈动脉，捏拽喉部，图 1-95；

食指横搓人中穴，健脾胃，图 1-96；左手抓捏右肩井穴，

图 1-94

图 1-95

图 1-96

右手抓捏左肩井穴，图1-97、图1-98；右掌抓捏从左肩到左掌指尖似有抓捏到骨头里的感觉，图1-99，图1-100；

图 1-97

图 1-98

图 1-99

图 1-100

左掌抓捏从右肩到右掌指尖似有抓捏到骨头里的感觉，图
1-101；左手抓捏右腋窝，图 1-102；右手抓捏左腋窝，图
1-103；左拳拍打右肋骨，图 1-104，右拳拍打左肋骨，图

图 1-101

图 1-102

图 1-103

图 1-104

1-105；左手抓捏右臂内侧筋，图-106；左拳拍打心口鸠尾穴，图1-107。由轻到重，膀根松打有穿透意，打入骨髓。

图 1-105

图 1-106

图 1-107

点按揉两臂曲池穴，图 1-108、图 1-109；两掌切打两大腿根粗筋，图 1-110；右掌切左肘弯，图 1-111；左掌切右肘弯，

图 1-108

图 1-109

图 1-110

图 1-111

图 1-112；两掌拍打膝关节，图 1-113；两掌拍打腿内侧到
脚踝，图 1-114；左拳打左环跳穴、大腿后承扶穴，右拳打
右环跳穴、大腿后承扶穴，健脾胃，图 1-115；右手中指搓

图 1-112

图 1-113

图 1-114

图 1-115

尾骨发热发烫，图 1-116；左手中指搓尾骨发热发烫，补肾，

图 1-117；右拳打右足三里穴，左拳打左腿足三里穴，要打透，

健脾胃，图 1-118、图 1-119；左空心拳拍打心口，稳心脏，

图 1-116

图 1-117

图 1-118

图 1-119

图 1-120；乌龙摆尾，右掌后击左耳、左掌击右肩井穴；

左掌甩后击右耳，右掌击左肩井穴图 1-121、图 1-122；

图 1-120

图 1-121

图 1-122

双拳由上向下打两腿外侧、内侧，委中穴等。双掌背击双
脚掌面，如捣蒜。双拳轻击后腰肾部位，双掌吸拔耳内火气；
一掌拍打百会穴，另一拳松打命门穴；左掌前伸，手心朝上，
后翻右膀，右臂向前斜45° 甩击左掌，右掌楞砍击左掌心，
再左掌楞砍击右掌心。伸开两手手指，交叉相击。再撑展
虎口，两虎口相击，两手掌背相击；再两手掌根大陵穴相击，
两肘内侧相击，关公捋须收式。全身抓、捏、拍、打、点、

按，再散步，遛腿。图 1-123。可走寸步、前进后退步、挤步、三角步、之字步、月牙步、践步、虎笼中步等，式式是合中剪刀步。收功极重要！要认真做，不可省略，勿轻视！否则，有种无收，入宝山而空返。

　　本门功法收功都如此。

图 1-123

第二章　五虎霸道功

五虎霸道功，又名阴阳八宝功，俗称抓功，是李复祯心意六合拳内功之一，是武玉珊师祖之弟子，山西省交城县内林村孙世英大师所传。"外练筋骨皮，内练一口气"，练成功则内气充盈、神清气爽、不畏击打，提高技击和抗击打能力，可媲美金钟罩、铁布衫，是本门之绝密内功。时刻意注尾闾松坠，裆内十字劲撑开，体会脚掌下踩扎拧翻上的劲。

1. 无极式　2. 通气式　3. 关公理须　4. 并步揉腰

5. 开步揉胯　6. 三山五岳　7. 左右弓箭步做"三山五岳"

8. 头顶掌心雷、背后七颠百病消　9. 虎伸懒腰

10. 抱膝　11. 二郎担山　12. 搂丹田　13. 收功

-精解-

1. 无极式

内心空空洞洞、无思无虑、无我无他、心外无物、心境舒展，全身放松，两脚跟 90° 并立，站到有动的感觉。图 2-1。

图 2-1

2. 通气式

接上式，两脚碾拧并步，再开步，与肩同宽，劲扎左胯，地翻天的劲气。两臂根节催动，向上抬起与肩平，如吸气吸起来的一样；呼气时劲倒到右胯下扎，两臂徐徐下落，似呼气呼下来的一样。吸气如起飞，吐气如落燕。两三次后脚底有发热的感觉，说明气通了。好似电热器，通电后，红了、发热了。气通了，再继续练功，否则效果不佳。图2-2至图2-5。

要点：两胯阴阳倒，吸气要吸满，呼气要呼尽，两臂不超过肩，根节催动。卷舌舐上颚，顶头悬，收下巴，提会阴，眼平视前方。是一切功法之开门式。

图2-2

图2-3

图 2-4

图 2-5

3. 关公理须

接上式，跌膀子坠扎肘，手与口齐，双肘向下扎落，收下巴，顶头悬，将气沉入脚底通出，做三次。图2-6、图2-7。

要点：膀子后翻下坠，肘不可抬，下捋，是肘下扎入地，收下巴，头上顶，耳听身后，顶头悬。

图 2-6

图 2-7

4. 并步揉腰

接上式，两肘收于肘窝，肘尖下坠扣，两拳翻扣调阴阳之气，两膝并紧，两脚踝并紧，两脚摞地不动，向前转圈大些。左向右转腰12圈，再右向左转腰12圈、收下巴，顶头悬，体会脚底发热、发烫，如吸盘吸地的感觉。图2-8、图2-9、图2-10。

图2-8

要点：两脚不动，向前圈大些，反弓劲，顺逆数一样，平衡转。如踩大地似转盘旋转。

图2-9

图2-10

5. 开步揉胯

接上式，胯催动，两
脚底板碾拧地，与肩同宽，
肩井穴与脚底涌泉穴上下
对齐，脊柱下扎拧，松开
腰脊，逆时针转 12 圈，顺
时针转 12 圈，向前转的大
些，成反弓；再脊柱下扎
如轴稳住，松两胯转 ∞ 字，
正转 9 圈，反转 9 圈；再

图 2-11

前后转 ∞ 字各 9 圈，关公捋须，收式。图 2-11 至图 2-13。

图 2-12

图 2-13

6. 三山五岳

接上式，两手收于小腹，两肘贴肋，左肘下扎坠扣，右胯下扎坠，劲气上翻，催动右胯再催右肘到手，右手掌心向下，掌侧如刀，合中线与心平，向前撑出，到极点，拧右胯，坠肘拉回，边拉边收小指、无名指、中指、食指、大指，收到小腹前，回拉时重心倒于左胯下扎。坠扎右肘，坠扎左胯，劲气上翻，催动左胯，再催左肘，再催到左手，节节贯穿，左手掌心向下，掌侧如刀，合中线与心平向前撑出，到极点时拧左胯、坠左肘拉回，边拉边收回小指、无名指、中指、食指、大指，收到小腹前，拉时重心倒于右胯下扎拧。重心落于双后脚跟，劲气上翻、膝倒弯子，催胯、催肘、催手、双掌心向下，掌侧如刀与心口平撑出、到极点拧扭双胯、重心倒到双脚前掌、坠肘回收，边拉边收小指、无名指、中指、食指、大指、收回到小腹，双肘到肋旁下坠。重心倒于右胯，劲气翻上，催胯坠肘双臂如托山，向前撑到极点，与心口平。拧扭双胯，重心倒于左胯，边拉边收小指、无名指、中指、食指、大拇指，收于小腹，肘落肘窝。连做三遍。关公捋须，收式。图2-14至图2-34。

要点：一肘坠，另一臂合中伸出，肘不可起，伸到极点，再膀根拧，双臂按住向前推，膝倒弯子，到了极点再双膀根拧，回拉劲倒脚前掌。所有动作是身子下扎拧催动，中正劲下扎拧。要单重不可双重。

图 2—14

图 2-15

图 2-16

图 2-17

图 2-18

图 2-19

图 2-20

图 2-21

图 2-22

图 2-23

图 2-24

图 2-25

图 2-26

图 2-27

图 2-28

图 2-29

图 2-30

图 2-31

图 2-32

图 2-33

图 2-34

7. 左右弓箭步三山五岳

接上式，同理6，先从右弓箭步开始做，最好胯与膝平，后脚底不可起，如钉子钉地，练完，虎掀胯成左弓箭步，同理右式；图2-35至2-62。

图 2-35

图 2-36

图 2-37

图 2-38

图 2-39

图 2-40

图 2-41

图 2-42

图 2-43

图 2-44

图 2-45

图 2-46

图 2-47

图 2-48

图 2-49

图 2-50

图 2-51

图 2-52

图 2-53

图 2-54

图 2-55

图 2-56

图 2-57

图 2-58

图 2-59

图 2-60

图 2-61

图 2-62

8. 头顶掌心雷、背后七颠百病消

接上式，碾拧步成并步，两手臂从身侧，根节催动，在头顶相碰击响，双手交叉，掌心向上托掌，眼看穿掌背，膀根催动，尾闾下坠，拉伸脊柱，耗 9 ~ 12 下。再脚前掌扎地，抬脚后跟，节节贯穿，起落 7 次，松脊椎，关公捋须，收式。

要点：头顶掌心雷，是两膀根催动合击。上提下坠拉抻脊柱；背后七颠松落脚跟。不可用猛力，最好在松软土地练。图2-63 至2-68。

图 2-63

图 2-64

图 2-65

图 2-66

图 2-67

图 2-68

9.虎伸懒腰

接上式，两脚掌前后倒虚实，两膝倒弯子，两肘松贴腿前面向下、向前、向上，再返回，如下抛物线，头颅挺，向前看，把劲荡起来，两脚纹丝不动。如虎豹伸懒腰状。伸懒腰劲是心意真劲，做9遍，关公捋须，收式。

要点：两脚不动，两膝倒弯子，下抛物线，如锅底，两肘如磨地，向前荡起来。轻松愉快地做。下巴后翻，颈部反弓，中正劲不丢。图2-69、图2-70。

图 2-69

图 2-70

10. 抱膝

接上式，双手摸后腰，掌根贴，向下捋腿后筋，一直到脚后跟，捋三遍，膀催两手抓住脚后跟，头面贴胫骨，贴紧抱紧，内里松，耗60下，下巴向下、向上、向后翻，起身关公捋须，收式。

要点：面贴胫骨，越疼越松，抱住耗一会，下巴要翻，拉筋。嘴能吸咬住地上针为妙，脚底要满脚掌吸地为正确。图 2–71、图 2–72。

图 2–71

图 2–72

11. 二郎担山

接上式，两脚摽地不
动，收下巴，顶头悬，膀
根催动两膀向两侧平伸，
图 2-73；塌碗立掌，食指
大姆指撑开成弓，耗膀根，
两膀有如两匹马拉，脊柱
中正劲下扎拧，纹丝不动，
耗 60 下，图 2-74、图 2-75；
关公捋须，收式。

图 2-73

要点：眼左右看食指上挑如过电。

图 2-74

图 2-75

12. 搂丹田

接上式，两臂双掌向前环抱回搂丹田，做三次，脚底不动，如将天地日月之精华，搂回丹田（仓库）存储。图2-76至图2-82。

图 2-76

图 2-77

图 2-78

图 2-79

图 2-80

图 2-81

图 2-82

13. 收功

同第一章软功 12 式的收功：双掌指敲三下丹田，将炼得"真气"存于丹田，备用，搓两手掌发热后，从头顶向后梳头。双空心拳轻敲打头部，双手搓捏耳朵，两大指棱搓眉攒竹穴，手掌搓大椎穴，捏拽喉部，食指横搓人中穴，左手抓捏右肩井穴。右手抓捏左肩井穴，左手抓捏右腋窝。右手抓捏左腋窝。左手点右曲池穴，左拳拍打右肋骨，右拳拍打左肋骨，左拳打左环跳穴，打屁股后承扶穴处；右拳打右环跳穴、打屁股后承扶穴处；双拳由上向下打两腿外侧、内侧，双拳击双脚掌面，如捣蒜。双拳扣击腿足三里穴、后委中穴等。右掌拍打心口鸠尾穴，由轻到重，膀根松打有穿透意，打入骨髓。乌龙摆尾，右掌击左耳，左掌击右肩井穴；左掌甩击右耳，右掌击左肩井穴。全身抓、捏、拍、打、点、按。散步，遛腿。可走寸步、前进后退步、挤步、三角步、之字步、月牙步、践步、虎笼中步等，式式是合中剪刀步。收功极重要，要认真做。否则，有种无收。

本门功法收功都如此。

第三章　全身各处开"弓"法

传统武术讲"一身备五弓"，"全身五弓为筋发"。人的身体其实何止五张弓，好手处处能开弓，时时能"窝弓待虎"。山西常有心意六合拳有：脚底两张弓（脚底纵向的粗筋）、两肋两张弓（肋生两杆枪）、两臂横弓、心弓等，"蓄劲如开弓，发劲似放箭""全凭心意用功夫"。

臂弓：肘为弓把，松肩坠肘，掌根、后琵琶骨为弓梢；肘弓不开，胳膊是虚弱的。

腿弓：膝关节为弓把，胯、脚踝为弓梢。

身弓：腰脊为弓把，大椎穴、脚踝为弓梢；身弓不开，后背是单薄的，"没靠山"；最后练成"通头贴背一架弓"。

武术的弓是反弓，不是"捕猎弓箭"的正弓，绝大多数武友都练成正弓了，还美其名曰：这是真传！练反了！腰脊一后凸（正弓），劲就泄了，如枪没子弹。山西常有心意六合拳的秘诀是："弓张把要顶"，如何顶？挺扎腰脊，松肩坠肘，练时肘中正垂直扎地，符合"立木顶千斤"；膝要挺，两膝内侧要摩挤，成剪子步，步法的膝为接触点；弓不打开，练不到"强弓硬弩"，就是"门外汉"。开弓式图见图 3-1。

图 3-1　开弓式

拗式崩肘捶：锁左胯拧扎腰脊，脊柱拧螺旋，左膝与右肘合，左肘坠扎拉回肘窝，劲过后背，催右肘摩肋合中斜下42°出，右肘是被动劲，眼看前方，耳听身后，后右膝跪扎地，右脚跟不可起。图3-2。

图 3-2　拗式崩肘捶

　　虎伸懒腰：两脚底横撑开抓地，胯向后，两臂前伸，上翻下巴；两肘与两胯前后对抻，如开弓，耗60下；下巴与尾骨对抻，耗60下；两掌根与两胯对抻，耗60下；两掌根与两脚踝对抻，耗60下；两肘与两膝对抻，耗60下。两胯互相横向对抻，耗60下；内里两耻骨，横向对抻，耗60下。图3-3。

图3-3　虎伸懒腰

弓箭步：前膝与胯平，后脚满脚掌扎踩地，胯要正、要平；两膝如弓把，弓弦拉开，耗60下；两脚踝前后对抻，耗60下，如两脚撕裂地；两胯在身后合，中间能夹紧铅笔；两胯后翻合，肛门自然关闭；囟门与会阴穴上下对抻，耗24下；裆内耻骨横向对抻60下；眼看前方，耳听身后，心平气和地要练。图3-4。

图3-4　弓箭步

桩上三体势：桩上一站，这哄不了人，做不成假，不平衡，就掉下来。两脚底互撑才可以站稳，后脚底扎、踩、蹬，碾劲慢慢就有了；两膝对抻如开弓，耗60下；两脚踝对抻，耗60下；两肘前后对抻60下；会阴与囟门下上对抻，耗60下；右脚踝与左肘对抻，耗60下；左脚踝与左琵琶骨对抻，耗60下。卷舌舔上牙根，提会阴，眼看前方，耳听身后，轻松愉快地耍练。图3-5。

图3-5　桩上三体势

两肘贴肋弓箭步：理同上面弓箭步。图3-6。

图 3-6　两肘贴肋弓箭步

　　两臂后伸矮式弓箭步：理同上面弓箭步，练完左式，

拧身再练右式。图3-7。

图 3-7　两臂后伸矮式弓箭步

　　龙形崩肘捶：右脚外摆，右膝左拧，成拧螺旋状；锁胯拧扎腰脊，脊柱拧螺旋；后膝跪扎地，右膝与左肘合；两肘前后互抻，耗60下；会阴与囟门下上对抻，耗60下；两脚踝互抻，耗60下；左膝与左肘互抻，耗60下。右式同理。图3-8。

　　耗完后要收功，全身拍打，散步遛腿。

图3-8　龙形崩肘捶

阴阳鱼缠丝劲：是李复祯心意六合拳绝密功法，今逢盛世，贡献出来，不使传统武文化失真、失传，它是按阴阳鱼缠丝劲图练功，1-2-3-4-5-6-1，反复研磨。开步站立，与肩同宽（涌泉穴对齐肩井穴），松膀坠肘，收会阴，卷舌舔上牙根，收下巴，顶头悬，眼看前方，耳听身后；男先转右式，女先转左式；右肘垂直扎地转36次，左肘手相随；左肘垂直扎地转36次，右肘手相随。两肘数量要平衡，用肘转，两手是空的，两脚底如吸盘吸地，不可挪动；要慢练，不急不火，是脚底催动，通过锁胯拧腰，劲从肘底出，练到脚底板发热、发烫为好。真传一句话，勿轻视！图3-9。

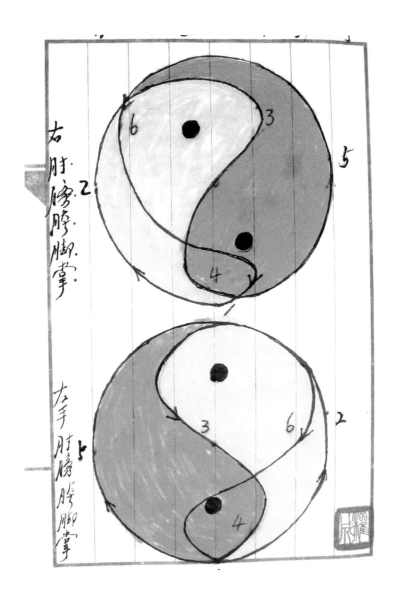

图 3-9　阴阳鱼缠丝劲图

第四章　定式舔肘掌

定式舔肘掌能激发出练功者潜能，其奥妙无穷。

左三体势（先打左式，逆时针，见自己本来面目），劲扎踩满右脚掌（涌泉穴吞吐），如吸盘吸地，太极阴阳鱼缠丝劲，左肘坠扎拉回肘窝如千斤坠，劲通过后背从右肘射出，右肘摩肋合中，坠肘，松膀高与心平。右肘是被动劲，是脊背往前脚涌泉穴上落的意思，右后琵琶骨有后拉意，顶头悬，松开腰脊，提会阴，收下巴，丹田较劲，两膀后中间凹进，前胸内里合如石拱桥，挺扎腰脊，两胯有横抻意，眼看前方，耳听身后（心静了）。动作要慢，不可快，内里想：动作规范否？中正劲正了吗？右肘当掌舔出，手掌是空的，右肘松坠扎拉回肘窝，劲通过后背从左肘射出，左肘当掌摩挤右臂合中扑出，高与心口平，

不用拙力，左膀根后琵琶骨有后拉意，身体不动，不可就劲！重心在二四区域倒，劲气与眼神合一，如激光射线。脚底板劲翻上从后腿后背上来，向前甩射出为正确，劲气如九曲珠，无坚不摧。每日必练之功法，打36下。转身打右式，理同左式，也打36下，两边要平衡。也可站在汽车轮胎上练，两腿如弓弦、弓背，两腿（脚底）如撕裂轮胎，胯筋抻满，将身子（箭）射出，气通了，要有子弹射出的威力和效果，杀伤力极大。要找中正劲（中心线与重心线相合，是短暂的），它是一切劲之母式，能激发出您体内深藏的虎豹之野性潜能，切记！如口中炼出天河水（琼浆玉液），说明练对了，叩齿36下，分三次带响声咽下，养人。图4-1至图4-5。

图4-1

图 4-2

图 4-3

图 4-4

图 4-5

图 4-6　拗式舔肘掌

第五章 心意六合肘十八式

李复祯心意六合拳之心意六合肘十八式，招招狠毒，是格斗必用之技，历来秘不外传，今逢盛世，整理出来，供武友们研习。

身体放松，松开脊骨，要挺直脊柱，卷舌舔上牙根，提会阴穴、尾骨下垂，收下巴，身体自然中正，轻松愉快地练，勿用拙力（猛力，狠劲）练习；不可亮肘（对方能看见肘尖），不可卖肘（对方能反关节捌肘），要藏肘、自然坠肘。肘过如刀，不能让对方看见藏的"刀"；肘劲是身劲催出，"身劲催动山也愁"；不可单用肘力，把把是踩扎后脚底（后脚跟如钉子钉地，或脚底如吸盘吸地，不可起），锁胯拧扎腰脊（脊柱拧螺旋），劲过后背从肘通出，肘坚硬骨为接触点，腾出手可打冷不防。肘当手用，"肘后一尺，

天下无敌"。练习的肘是被动劲，另一肘是主动劲，坠扎拉回肘窝，肘尖不可出窝，是斜下 42°，是阴阳鱼缠丝劲旋出，把把裆塌住（裆内十字撑开，内里如能划船跑马），时刻保持自己身体中正有根。

可马步式站或三体势弓箭步站，练以前，最好先做软功，例如五虎霸道功。无极势，通气势，较丹田，舌舔上牙根，顶头悬，提会阴，松开腰脊（开总阀门），耳听身后，内心平静，练肘不想肘，用肘不想肘。以下各肘法，以单方向训练，左式练9下，再右式练9下，腿扎地原地不动，不可左右混练。

武术核心精华：体会锁胯拧扎腰脊（胯与拧腰方向相反，脊柱拧螺旋），劲从脚底（踩扎）通过腰经过后背筋从肘底出，松开身体，松松地耍练，不可用猛力、僵劲。

心意十八肘，是中国传统武术技艺中的精髓，介绍三种练功场景：地面上练习、轮胎上练习、木桩上练习。难度逐渐增大，功夫节节升高。

一、在地面上练习

1. 跌肘

跌肘是李复祯心意六合拳最重要之肘法，劈拳也是此劲气。左三体势或马步式站立，松膀，两肘错剪，左肘坠扎拉回肘窝，不可出尖，左手掌护心，同时右肘摩肋合中跌扎，右掌摸耳，肘意有撬劲，肘尖不可抬，不可露，肘尖与心平，图5-1；肘为接触点，腾出手，

图 5-1

可二次击打。身体保持中正，不可前栽，肘不可有向前意，劲是斜下42°方向；右肘坠扎拉回肘窝，同时左肘当手合中扑出，反复练习。跌肘劲是后背身子催动的，松开腰脊，锁左胯向左拧扎腰脊，右脚底劲踩扎翻上过腰脊、后背之筋，从右肘通出。跌右肘9下，再同理跌左肘9下，单式练，轻松愉快，气定神闲地一把一把练，功夫就是这样耗出来的。这是母肘，须认真练精，是日日功。图5-2至图5-5。

图 5-2

图 5-3

图 5-4

图 5-5

用点：甲方（进攻方），乙方（防守方）。甲方跌肘攻击乙方心口，步子进，身体进，下上同攻，下面膝为接触点切乙方膝弯，上面跌肘击乙方心窝，劲要打透，后手护自己心口。对练时乙方最好戴软垫护在心肋部位，含胸用肘裹泄甲方劲，反复练习，再甲乙双方互换练习。图5–6、图5–7。

图 5–6

图 5–7

2. 摆肘

左三体势或马步式站立，锁左胯，身体向左拧扎腰脊，左肘坠扎拉回肘窝，松膀坠右肘合中向左前方摆击旋出，肘硬骨为接触点，身子催动，左膝与右肘合，右肘不可抬起，左胯向右拧，脊柱拧螺旋，肘有穿透意，眼看前方。右肘坠扎拉回肘窝，同时，左肘当手合中扑出，高与心平。连做9次，要慢，不急不缓。体会右脚底扎踩，劲翻上从腰脊过后背从右肘甩出的感觉。左摆肘理同右摆肘。

用点：用摆肘击打对方太阳穴、颈部、肋部。图5-8至图5-11。

图5-8

图5-9

图 5-10

图 5-11

用点：用拗式练摆肘，效果显著；锁胯拧扎腰脊，下上同攻，膝切肘摆击，攻击对方颈部或太阳穴，后手护心，随时出击。练时要注意安全！图5-12至图5-14。

图 5-12

图 5-13

图 5-14

3. 裹肘

左三体势弓箭步或马步式站立，左肘坠扎拉回肘窝，松右膀右肘摩肋合中裹敌中节到根节段，有螺旋穿透意，过对方心口，不让对方后手发出力。脊柱如汽车传动轴下扎拧，劲过对方心口，左手护右肘，左胯向右拧，脊柱拧螺旋。右裹肘之手后溪穴对自己人中穴，定心口不动，松胯提会阴，尾骨松坠。右肘坠扎拉回肘窝，左肘当手合中扑出，高于心平，做9下。再做左裹肘9下，理同右式。图5-15至图5-20。

图 5-15

图 5-16

图 5-17

图 5-18

图 5-19

图 5-20

4. 虎抱头肘

左三体势或马步式站立，身体催动，左肘坠扎拉回肘窝，锁左胯，向左拧扎腰脊，练时幅度要大，用时随心所欲；右肘合中顶击对方咽喉、心窝，右肘硬处为接触点，腾出右手，头藏右肘后，左手护右肘内侧，可偷打扑击，顶头悬，眼看前方，耳听身后，后腿随时能崩出为好。做9次。右式同左式。多练、精练，有大用处。"猛虎扑食头早抱"，头是大脑司令部，要严密保护好。图5-21至图5-26。

图 5-21

图 5-22

图 5-23

图 5-24

图 5-25

图 5-26

5.挑喉肘

左三体势或马步式站立，两膀挣力，左肘下坠扎拉回肘窝，锁左胯，向左拧扎腰脊，右肘松坠上挑，手接触肩井穴，拉右肋、右腋之筋，把敌下巴或喉部击穿、击碎；左手护心，再右肘摩肋坠扎拉回肘窝，左肘当手合中扑出，高于心平。是身子拧螺旋下扎催动，是右脚底踩扎翻上的劲，右脚后跟不可起，要如吸盘或如钉子钉地，做9下；同理挑左肘9下，同右式。挑喉肘也叫野马撞槽肘，如饥似渴的劲。图5-27至图5-30。

图 5-27

图 5-28

图 5-29

图 5-30

6.乱劈斫肘

松膀，肘合中，肘当手用，腾出手（可撕抓，打冷不防），根节催动，是脊柱下扎发劲，身体不可前探，保持自己身体中正有根，连打三下，肘尖为接触点，肘要练出锋刃；实战时，加搂手炮（挑钻捶），"乱劈肘打傻英雄汉"，有劈砸切断之意，体会脚底劲翻上从肘出。乱劈斫肘也叫雨打梨花肘。图5-31 至图5-34。

图 5-31

图 5-32

图 5-33

图 5-34

7. 提肘

"提肘暗打人难防"，手腕松坠，打出脆劲、冷劲，如刀刺入。有敌身后搂抱，先顶刺再后提肘顶敌心口或下巴。如练左提肘，右胯根有坠拉意，提肘也叫拨草寻蛇肘。图5-35 至图5-38。

图 5-35

图 5-36

图 5-37

图 5-38

用点：用我肘一裹化立即提肘击之，后手备用，也是身体进，下上同攻；声东击西，改变攻击方向，打冷不防，要练精练通，练成绝手、闪电肘。图5-39至图5-41。

图 5-39

图 5-40

图 5-41

8. 砸肘

松膀肘合中，如铁锤砸焦炭，砸塌，是胸背开合，身子催动砸，用肘最坚硬处为接触点。如先钻肘捶刺目或喉，对方一躲，我即松膀坠肘下扎对方胸、裆，接一马三箭舔心腿。砸肘也叫霸王硬开锁肘。图5-42 至图-5-45。

图 5-42

图 5-43

图 5-44

图 5-45

9. 左右顶肘加反背捶

手掌摸肩，身子催，反背甩捶或掌，松膀肘合中坠，肘不可抬，有甩劲，手掌有脱骨的感觉，要打透，是身体下沉发劲，不可探。胯要坠、扎地。左右顶肘加反背捶也叫双龙抱珠肘。图5-46 至5-51。

图 5-46

图 5-47

图 5-48

图 5-49

图 5-50

图 5-51

10. 挤肘

肘如盾牌，沉挤对手，有横意，不让对方靠近，劲是斜下42°方向，乱敌重心，挤肘也叫顺水推舟肘。图5-52至图5-55。

图 5-52　　　　　　　　　图 5-53

图 5-54　　　　　　　　　图 5-55

11. 偷肘点刺腋、肋

捯对方肘关节，乘机进身偷打期门穴或腋下部，如匕首刺穿；也可偷撕抓敌肱二头肌之内侧嫩肉（老鼠偷窝窝），乱而取之，偷肘也叫野鸡旋窝肘。图5-56至5-59。

图 5-56

图 5-57

图 5-58

图 5-59

　　用点："偷肘点刺肋骨断"，把对方的注意力引到捋肘关节上，他一较力，肋下空虚，乘机以肘点刺之。图5-60。

图 5-60

12. 顶心肘

左三体势或马步式站立，两肘错剪，左肘坠扎拉回肘窝，右肘合中错剪向心前下顶扎，如刺刀点扎穿心窝（黑虎掏心穴）。顶扎有穿透意，尾骨松坠，是身子下坐催动。图5-61至图5-63。

图 5-61

图 5-62

图 5-63

13. 劈面肘

左三体势或马步式站立，左肘坠扎拉回肘窝，锁左胯，向左拧扎腰脊，右肘起并用肘硬骨节向前劈砸；右肘摩肋坠扎拉收回到肘窝，同时，左肘当手用扑出，做9次；保持自己身体有根，不可前栽、失中，时刻保持身体有根（刹车）。图5-64 至图5-68。

图 5-64

图 5-65

图 5-66

图 5-67

图 5-68

14. 搬肘炮

左三体势或马步式站立，肘当手搬，松膀合中向前甩，紧跟一暗左掌根舔心掌，接一马三箭。是后背腰脊下扎催动，做9下；左式同右式。脊柱如鞭杆子，两臂如鞭。搬肘炮也叫平沙落雁肘，轻松愉快，潇洒自然，极具杀伤力。图5-69至图5-72。

图 5-69

图 5-70

图 5-71

图 5-72

15. 后顶肘接望月肘

如刀刺扎，一后顶肘可接翻身变身另一肘击对方喉或面部。该肘是身子、胯挤催，有穿透意，也叫烈马回头肘。如对手从后搂抱，我以后顶肘击之，对手向另一侧躲闪，我甩刺另一肘，打个正着。图5-73至图5-78。

图 5-73

图 5-74

图 5-75

图 5-76

图 5-77

图 5-78

16. 后摆肘

胯挤，锁胯拧腰，脚要踩扎对方脚面或胫骨，乱而取之，松膀后摆击对手太阳穴、颈动脉；另一肘对抻坠扎地。是后甩膀子，拉扯后膀筋。身体保持中正劲，时刻自己有根。图 5-79 至图 5-82。

图 5-79

图 5-80

图 5-81

图 5-82

17. 背后擂肘

锁胯拧腰，松膀翻身以肘擂敌腰肾，另一肘坠扎地，如虎尾鞭，忘了接触点，有横穿透意。图5-83至图5-86。

图 5-83

图 5-84

图 5-85

图 5-86

18. 虎磨肘

先刺目掌，后手护心，回也打，松膀坠肘，肘为接触点，肘要带尖，身子下沉催动，身体有向前意，带敌个跟头，退也打。虎磨肘也叫千斤坠肘。图5-87至图5-90。

图 5-87

图 5-88

图 5-89

图 5-90

二、在轮胎上练习

清末民国初的武术家们，为了增长功力，在藤条编的桩上练拳，藤条弹性大，不损伤膝关节，对练功有好处。随着时代的进步，我们要与时俱进，现在由于受住房等条件限制，可在汽车轮胎上（轮胎很好找）训练，方便高效。在轮胎上练功大有好处：

一是两腿有撕扯力，如单面承重，小轮胎就翻了。

二是轮胎有弹性，能将力道化解，力不会返到后脑勺，让人受伤；练功时可以尽情发力。

三是训练平衡能力，坚固根基。

四是解决了很多习武者膝关节磨损、疼痛的问题。

轮胎上练肘，图5-91至图5-136。

图 5-91　跌肘

图 5-92　跌肘

图 5-93　跌肘

图 5-94　跌肘

图 5-95　摆肘

图 5-96　摆肘

图 5-97 裹肘

图 5-98 裹肘

图 5-99　虎抱头肘　　　　　　图 5-100　虎抱头肘

图 5-101　虎抱头肘

图 5-102 挑喉肘

图 5-103 挑喉肘

图 5-104 挑喉肘

图 5-105　乱劈斫肘　　　　　　图 5-106　乱劈斫肘

图 5-107　乱劈斫肘

图 5-108　提肘

图 5-109　错剪肘

图 5-110　错剪肘

图 5-111　错剪肘

注：错剪肘是砸肘的变化。

图 5-112　砸肘

图 5-113　砸肘

图 5-114　左右顶肘加反背捶　　　图 5-115　左右顶肘加反背捶

图 5-116　左右顶肘加反背掌　　　图 5-117　左右顶肘加反背掌

图 5-118　挤肘

图 5-119　挤肘

图 5-120　挤肘

图 5-121　挤肘

图 5-122　偷肘点刺肋

图 5-123　偷肘点刺肋

图 5-124 顶心肘

图 5-125 顶心肘

图 5-126　搬肘炮

图 5-127　搬肘炮

图 5-128　后顶肘接望月肘

图 5-129　后顶肘接望月肘

图 5-130　后摆肘

图 5-131　背后擂肘

图 5-132　背后擂肘

图 5-133　虎磨肘

图 5-134　虎磨肘

图 5-135　虎磨肘

图 5-136　虎磨肘

三、在木桩上练习

在木桩上练肘，效果显著，功力倍增，"桩上一年艺，地上十年功"。有条件可埋木桩（70cm 长，直径10～15cm，土中埋 50cm，露出 20cm，间距随你的步幅大小），在木桩周边缠裹草绳或橡皮条，这样安全，可扫踢木桩练搓地风，扫地风。先站稳了，能平衡了，再练肘，跑桩，一定要注意安全！

木桩上练肘，图 5-137 至图 5-180。

图 5-137　跌肘

图 5-138　跌肘

图 5-139 跌肘

图 5-140 跌肘

图 5-141　摆肘

图 5-142　摆肘

图 5-143　摆肘

图 5-144　摆肘

图 5-145 裹肘

图 5-146 裹肘

图 5-147　虎抱头肘

图 5-148　虎抱头肘

图 5-149　挑喉肘

图 5-150　挑喉肘

图 5-151 乱劈斫肘

图 5-152 乱劈斫肘

图 5-153　提肘

图 5-154　提肘

图 5-155　砸肘

图 5-156　砸肘

图 5-157　左右顶肘加反背捶

图 5-158　左右顶肘加反背捶

图 5-159　左右顶肘加反背掌

图 5-160　左右顶肘加反背掌

图 5-161　挤肘

图 5-162　挤肘

图 5-163　挤肘

图 5-164　挤肘

图 5-165　偷点刺肋肘

图 5-166　偷点刺肋肘

图 5-167　劈面肘

图 5-168　劈面肘

图 5-169　顶心肘

图 5-170　顶心肘

图 5-171　搬肘炮

图 5-172　搬肘炮

图 5-173　后顶肘接望月肘

图 5-174　后顶肘接望月肘

图 5-175　后摆肘

图 5-176　背后擂肘

图 5-177　虎磨肘

图 5-178　虎磨肘

图 5-179　虎磨肘

图 5-180　虎磨肘

> 虚实诀：
>
> 虚虚实实神会中，虚实实虚肘行功。
>
> 练肘不谙虚实理，枉费功夫终无成。
>
> 虚守实发掌中窍，中实不发艺难精。
>
> 虚实自有实虚在，实实虚虚攻不空。

每次练2～3肘，精练深练，加强身体记忆，少而精，练完要全身拍打，散步，遛腿，最好在裹软物的树桩上击打，也是松开身体，不可用猛力、僵劲；两人对练要戴护具，要松松地打，按规格练，一个月戴重护具（保护层强的）真打实战一次。切记：对练不是争高低，论输赢，是训练"劲气"，校验优缺点，增强实战技能。

放松功，踢塑料袋，全身拍打，散步遛腿。

跋

　　《心意十八肘解密》是李复祯心意六合拳系列丛书之一本，感恩父母养育之恩，祝老母亲健康快乐，长寿百岁！

　　在此书出版过程中，山西省形意拳协会原主席刘定一题写了序言以资鼓励，山西武术家范国昌老师百忙中抽空题写序言。山西常有心意拳协会会长、师兄张明忠给了许多好的建议，师兄郝计生多年来关怀指导，师兄牛猛给予许多指点，师兄刘宽给了很多建设性的想法，令本书赫然增辉，师弟李凯泰给我推荐了许多优秀的人才，使常有心意门后继有人，师弟韩玉光、王明亮、韩喜明、贾瑞东等提供了各种帮助。我的大弟子罗国良配合演练对打套路等，还有很多师兄弟、好朋友提供无私帮助，在此一并深表谢意，祝好人平安一生！

书中内容是历代先辈刀光剑影，九死一生的精华传承，也有本人多年修炼，实战之理解、体验，是李复祯心意六合拳之二步功，即暗劲高级阶段。该书如能对武友们有所帮助，则荣幸甚矣！由于学艺不精，悟道不深，不能全面将"常有师祖"之绝妙武技、秘法窍要表达到位，还望行家里手指正为盼！本人一定会继续努力，将李复祯师祖的精妙绝技，传承下去，发扬光大。

2022 年 9 月权成写于并州"心意草堂"